사무친 그리움

| 유동환 시집 |

청옥

시인의 말

묶인 생각은

자유를 그리워했다

보이지 않는 탈출구에

허덕인 혼자만의 시간

어쩌면 구속이었다

투쟁이었는지도

'사무친 그리움'이 세상을 보며

제 생각을 공유하고자 합니다.

2016년 4월 어느 날

저자 유동환

차례

제1부 그리움

그리움 1 · 11
그리움 2 · 12
그리움 3 · 14
그리움 4 · 15
그리움 5 · 16
그리움(널 보는 이유) 6 · 17
그리움 7 · 18
그리움 8 · 19
그리움 9 · 20
그리움 10 · 21
그리움 11 · 22
그리움 12 · 23
그리움(빗속에 떠난 여인) 13 · 24
그리움(가슴 비) 14 · 25
그리움(숨은 사랑) 15 · 26
그리움(오디밭에서) 16 · 28
그리움(애린) 17 · 29
그리움 18 · 30
그놈(갑과을) 19 · 31
꺾인 꽃 · 32

제2부 무지개 연서

가까이 온 여름 · 35
갯바위 감성돔 밤낚시 · 36
무지개 연서 · 38
꿈속 칠월의 고향 · 39
투영 · 40
기지개 켜는 봄 · 41
살다 보니 알았습니다 · 42
긴 겨울 · 43
여름아 부탁해 · 44
지천명과 가을 · 46
고엽 · 47
폭우 속의 이별 · 48
충동 · 49
오월 · 50
따스했던 임 · 51
어머님의 샘 · 52
당신 · 53
아내에게 쓰는 편지 · 54
봉만이 짝사랑 · 56
이슬 같은 삶 · 58

제3부 그대 바람

그리운 것의 시선 · 61
민들레 분가하는 날 · 62
작은 포구의 어느 하루 · 63
부메랑 · 64
봄 · 65
강은 안다 · 66
어느 날의 술꾼 · 67
너 1 · 68
실패한 사랑 · 69
눈 · 70
봄 햇살 · 71
내 슬픈 사랑 별 · 72
파도 · 73
사부곡 · 74
능소화 · 76
그대 바람 · 78
정년 퇴직자의 황혼 · 79
재회 · 80
아내의 소리 · 82
너의 집 · 84

제4부 매화의 꿈

늦가을 고엽 앞에서 · 87
눈 내린 아침 · 88
사랑의 아침 · 89
판단 착오 · 90
불면의 밤 · 91
장례 치르는 친구에게 · 92
눈꽃 · 93
백목련을 보며 · 94
매화의 꿈 · 95
어느 가을날 · 96
너를 지우며 · 97
살사리꽃 · 98
늦가을 단풍 · 99
갱생 · 100
긴 머리 소녀 · 101
한마음 축제 · 102
고향 벗들의 해운대 만남 · 103
섬진강 벚꽃 · 104
형제봉 · 106
지리산 가을 동창회 · 108

1부

그리움

그리움 1

창을 열고
그대 있는 곳을 봅니다
행여 바람에
향기라도 묻어올까
깊게 들이키고
귀를 쫑긋 세워도
잊힌 목소리
도무지 궁금합니다

세월만큼의
희미한 얼굴이지만
보고 싶음은
능소화처럼 피어 기다리고
달콤했던 향은
이미 가슴에서 문드러졌지만
햇살은 해바라기를
자꾸 키웁니다.

그리움 2

그리워 떠오른 건지
떠올라 그리운 건지
혼돈의 밤입니다
당신이 가신 날
따스한 손길, 다정한 말
선홍빛 눈물은 사금파리로
가슴을 그었습니다
일월의 새벽 상고대는
아름다웠지요
유난히도 햇살이 빨리 온 아침
상고대 톱날의 핏물은
영롱한 이슬방울의
무지갯빛으로 흘렀습니다
예견된 이별이기에
가시는 걸음이
더 아름다웠는지도 모릅니다
헤어짐은 슬픈 게 아니라
서로 또 다른 삶으로
가는 길이란 걸 알았습니다
당신은 당당한 걸음이었지만

나의 지속한 아픔은
끝이 보이지 않아
허전함으로 오는 당신
혼돈의 밤일 수밖에 없습니다.

그리움 3

꽃씨를 심습니다
오가지 않아도
볼 수 있고 느낄 수 있을
영원히 지지 않는
꽃으로 피어날
씨앗을 심습니다
정겨움을
같이 했고 한 세월을
따뜻함으로 피울
그리운 가슴 꽃입니다.

그리움 4

네 얼굴이
자꾸 떠오르는 건
가버린 날들이 아쉬워
아직 보내지 못해서이다.

그리움 5

비를 불러들인 봄날 창가는
먼 날의 추념으로
저 안에서 들뜨다

비록, 그래 비록이라도
너를 당겨 나를 채우는
기대치에 행복하여라

커피 한 잔의 모락모락 미소는
예전의 그 그윽한 향이기에
자꾸 속으로 숨기는 건
중독된 내 오랜 사랑이야.

그리움(널 보는 이유) 6

언제 볼지 모르는 널
세밀히 보는 것은
떠올리려 해도 아련했기 때문이고
애틋한 얼굴
주고받는 마음이 만난 오늘을
저 안에 넣었지만
또 언제 볼지 모르는 널
세심히 담고 담는 것은
언제라도 보고플 때
차곡차곡 꺼내기 위함이야.

그리움 7

돌아오지 않는 사랑은
길을 잃었는지
아니면, 사랑은 알고 나는 모를
연유가 있는지

어쩌면, 이 세상에 없는가

갈가리 찢긴
상념의 날들을 꿰매는 추념이
살아야 할 이유가 되어
내 사랑은 숨죽여 운다.

그리움 8

건넛산 안개는
그대 찾는 내 마음이고
아침 강, 물안개는
차곡차곡 숨겨 쌓아둔
내 그리움이 피는 것이다.

그리움 9

네가
보고파지면 선홍빛 눈동자는
밤새워 보고 싶다고 쓴다.

그리움 10

내 그리움이 너일 줄이야

우린 우연히 만났고
그냥 헤어졌어
만남에 이유가 없었듯
헤어짐도 이유가 없었다
그런 줄 알았어, 그때는

겨울로 가는 초입
찬바람이 옷섶을 여미고
가슴에 들어와
떠오른 얼굴

따뜻했던 네가
내 가슴에 있었던 게야

비로소, 내 가슴에
보고 싶다고 새겨진 너를 그린다.

그리움 11

사랑이 간다
애틋한 내 사랑이 간다
영원할 것 같던 사랑이
차갑게 마음을 덮는다
주저앉은 무릎에 내린
오열이 아프다

날 선 바람이 차갑다
이젠 무릎 맞대고 밥 먹는
행복은 없다

가슴에 심은 당신
벌써 싹을 틔우는가!
지지 않을 영원한 내 사랑.

그리움 12

세상이 잠든 고요한 새벽
창으로 별이 내려와
셀 수 없이 반짝이건만
보이지 않는 임의 별

아직 별이 되지 못했는가?
가슴에 심어진 그리운 사람
내 사랑아.

그리움(빗속에 떠난 여인) 13

캄캄한 하늘은
거뭇한* 비를 내려
떠난 상흔이 아프다
잊히지 않아
고스란히 떠오른 얼굴

창가에 괴인 마음은
오늘처럼 비 내린
그날 밤을 맴돈다
이 비에
쓸어내리려도
쓸리지 않고
씻어도 씻기지 않는 너
아픈 눈물은 가슴을 타는데
어쩌란 말이냐.

* 거뭇하다: 빛깔이 조금 검다, 거무스름하다.

그리움(가슴 비) 14

창을 두들기는 비

언제부턴가 빗줄기의
근원은 구름이 아니라
멀고 먼 별이었다

창에 부딪친 빗방울은
내 모든 것이었던
별이 된 당신의 눈물이
내 가슴을 두드리는 거다.

그리움(숨은 사랑) 15

추억이 가쁜 숨으로 헐떡이고 잔상마저 희미해져 갈 때
망각의 늪은 토해낸다

가버린 날들

갈 수 없는
가슴앓이는 멍으로 곪아
선홍빛 혈을
주르륵 내어놓는데
눈물은 말을 잃었다

침묵은 사색이 되고
둘 곳 없는 마음은
알지 못할 어둠 속을 헤맨다

새벽이 오는
시선 닿는 저곳
저기쯤에 있었으면
저기쯤에 있었으면

시간은 희망을 저물게도 하지만
영롱한 아침 햇살처럼
떠오르게도 한다

도망친 기억은
가도록 내버려 두자

먼동은 트는데
내 사랑은
이렇게 져야만 하는가!
정녕.

그리움(오디밭에서) 16

검보랏빛 입술이
뽕나무 가지가지 매달려
정겨움이 달콤하다

유월의 햇살로
너도나도 타들어 간 날
찔레 꺾고
오디 따 먹던 친구야

검정고무신 하나로
사계절을 뛰놀던 모습이
잘 익은 오디에 묻은
네가 그립다.

그리움(애린) 17

네 이름에 손수건이 젖는 것은
날이 갈수록 잊힘이
애린*한 까닭이며
말한 적 없어도 애련*이 슬프다

하루하루 잊혀져 간 날들
이제는, 동쪽 하늘이 붉어질 때
네 숨소리 찾고 싶다.

* 애린: 아깝게 여김.
* 애련: 사랑하고 그리워함.

그리움 18

지난 사랑은 눈에 머문 흔적이
가슴에 있는 것
그래서, 목이 메는 건
보여서라기보다
흔적이 치밀어 우는 까닭이다
새벽하늘
미리내 속 힘없이 일렁이는
청 빛 차가움
이제야 별이 되었군요
찔린 심장, 그 빛에 묻은 혈로
뜨겁게 가오이다.

그놈(갑과을) 19

살살거리는 꼬락서니가
보는 이를 토악질 나게끔 한다
얼굴에, 아니 몸 전체가
비굴로 똘똘 뭉쳤다
사람의 탈을 쓰고
주인에게 무조건 복종하는
꼬리 흔드는 개를 보는 것 같다

너, 혹시 첩의 자식이냐?

꺾인 꽃

심상찮은 지독한 바람을
견디지 못한 꽃은
널브러졌다

힘겹게 올린 꽃대였건만
내리 며칠 불어와
검붉은 꽃잎을
고요의 강물에 띄웠다

노을 지는 가을 언덕에 앉아
싱그러운 봄의 화사함과
뜨거웠던 여름을 회상하며
추억으로 깊은 겨울을
맞고 싶었으리라

아!
어찌 이것뿐이랴.

2부

무지개 연서

가까이 온 여름

산골짝에
초록 청춘이 햇살을 품으면
계곡 물과 나무그늘에
나를 맡길 것이다
너는 햇살로
안으려 하겠지만
난 그곳에서야
비로소 가슴을 열겠다
두려워서가 아니다
싫음은 더더욱 아니다
사랑하는 방식의 다름이지

살포시 오라
정겹게 오라
부드럽게 오라
아름답게 오라
그리고 또, 그렇게 가라.

갯바위 감성돔 밤낚시

전방 20m B 구멍찌 전유동
호흡을 멈춘 바다
틈 없는 뒷줄 견제
밑밥 몇 주걱으로
초조해 하지 말자
물돌이가 시작되면 입질은 올 것

드디어, 우르르 촬촬
갯바위에 부서지는 포말

찌에 끼운 어신 불이
스멀스멀
물속에서 일순 멈췄다
다시 스르륵
순간, 휙 사라지는 찌
스풀을 잠그는 동시
으라차차! 낚싯대를 번쩍 들면
덜커덩, 걸렸다
옆으로 째는 힘이 가당찮다

그렇게 기다리던
준수한 감성돔
달빛에 은빛 광채
갯바위는 승리자의
미소가 윤슬*이다.

* 윤슬: 햇빛이나 달빛을 받아 수면에 반짝이는 현상.

무지개 연서

가을이 깊어가는
호젓한 오솔길
햇살 내린 곳에 앉아
무지갯빛 연서를 쓴다

빨강 좋다
열정의 사랑을 쓰고
주황은 애틋함
노랑으로 보고 싶다
초록으로 파릇했던 첫 만남을
우리 미래에 파랑을 그리면
엷은 남색은 보라에 앉아
희망을 쓴다

차곡차곡 쌓인 글씨
노을에 얹으면
살포시 웃는 얼굴
뛰는 가슴.

꿈속 칠월의 고향

칠월의 무릎을 베고
달려간 고향 땅은
완연한 초록

냇물에 멱 감는 아이들
물장구 웃음소리
카랑카랑 울리고
큰 바위에 늘어놓은
검정고무신이 나란하다

모내기 끝낸 농부는
천렵한 매운탕으로
술 시간을 만드는데
아쉬운 무릎이 곧추선다.

투영

안개에 쌓인 젊음이
부서진 삶을 붙잡고
가득 찬
술잔 속에서 운다

초점 없는 눈

주모는 졸지 말라
담배는 안 돼
빨리 먹어라
주저리주저리
빨리 일어나기를 바라지만
한 자리 오래 버티기 고수인
내겐 턱도 없소

이제 보니, 주모의 잔소리도
잔에 빠져 운다.

기지개 켜는 봄

별이 내린 언덕에
아지랑이 피어오르면
까투리 푸드덕
봄을 깨운다

겨우내 보리 순은
햇살 파르르
제멋으로 반짝이고
어느새 버드나무는
아가 손 같은 연두 잎
온 세상이 싱그러워라

하얀 나비 노란 나비
모두 모여라
나들이 가자
봄 캐러 가자.

살다 보니 알았습니다

아침이 쓸쓸한 까닭은
어젯밤이 화려했다는 것을

필 때의 아름다운 꽃도
질 때는 추하다는 것을

어떤 생명체도
영원할 수 없음을

세상의 어떤 것도
오고 감이
다 인연은 아니라는 것을

어제 같은 오늘이
단 한 번도 없었고
오늘 같은 내일도
없을 것을.

긴 겨울

청명이 내렸던 하늘로
북풍이 몰아오면
한설의 세월이 내린 게다
차가움이
폐부 깊숙이 파고들면
숨결은 콜록이고
잠들었던 고독은 깨어나
긴 추위와 싸움이 시작된 게야
그리움은 외로움을 부르는 것
서러운 아픔도, 자그시 안고
봄을 기다리련다.

여름아 부탁해

오는 듯하더니
이미 와 기다린다
그 품에 폭우를 안고 왔는지
태풍을 숨겨 왔는지
짐작만 할 뿐

그냥 오지는 않았을 터
뭔가 있으려니 한다
지금까지 늘 그랬다
보이는 세상을 만신창이로
만들어 놓고 슬그머니
다음 계절에 편승해
버리면 넌 그만이다
그렇다고 아무도
욕하거나 원망하지 않는다
그러려니 한다
막고 잡을 수 없으니
그러려니 한다
때론 보이지 않는 곳에도

피해를 안겨 놓기도 하지
그러려니 한다

여름아! 너는 젊다
나는 조용한 게 좋은 나이가 됐다
젊음도 한때더라
과하면 아프더라
표도 티도 내지 말고
왔다 가거라.

지천명과 가을

가을에 앉은 젊음이 낙엽 같아
빈 가슴 쓸어내리면
어제의 그 햇살이건만
허리 꺾인 마음은 섧다

속살 다 드러낸
허허로운 지천명
지난 기뻤던 기억에
미소 짓다 금세 울컥인다

가다듬어도
가을은 어제를 내린 오늘
겨울로 가는 표를 끊었다.

고엽

화사했던 봄날의 꿈은
이게 아니었지
연두에서 초록으로
숨 가쁜 질주는 아름다웠다

뙤약볕, 때론 태풍도
어쩌지 못했기에
푸름이 영원할 줄 알았다

이젠 고로하다
닮아 있지만
작년의 잎은 내가 아니다
다시 오는 봄의 잎도 내가 아니다

화려했던 여름은 그리운데
이길 수 없는 늦가을 바람이 호수로 내몰아
비루하게 동동이며
어딘가에서 사라질 잎이 나다.

폭우 속의 이별

임이
먼 곳으로 가는 고성 땅은
폭우와 뇌성, 검은 하늘을
섬광이 칼날처럼 훑고 있다

캄캄한 세상
스미는 오한
크르르릉, 쿵, 쾅
조여오는 가슴

오늘 밤은 졸면서 지새겠지
몇 잔의 술은
나를 지켜줄 것이고
삶이란
순간에 머물다
영원으로 가는 것

적막한 공간의 훌쩍임이
가슴에서 미어진다.

충동

바람 부는
강 건너 나뭇잎은
흔들리는 내 마음

가누지 못한 설움에
쓸어내린 가슴

당장
가지 못하고 갈 수 없는
궁금의 저 건너

어쩌면 거기
내 추운 어깨 감싸 줄
작은 숨겨진 사랑
있을지 몰라.

오월

연둣빛은 영글어 사월은 가고
햇살은 살가운 바람을 불러
세상을 피운 녹색 빛이 아름답다

유월의 손을 잡은
빗소리 희망차고
개인 하늘 푸르러
높아만 가는 맘

살랑이는 꽃 향에
나비 앉고 나도 앉으니
아직은 깊은 봄날.

따스했던 임

오전의 햇살이 내 이름을 불러
부드럽게 쓰다듬으면
임의 품인 양 파고듭니다

순간, 여우가 왔는가!
후두두 떨어져 싸늘히 가는 임

울먹이지 말라
다시 올지니

잠시 후 온 햇살은
오전의 임이 아닌
오후의 따가운
낯선 햇살이었어요

사랑을 잃은 난
또 울먹입니다.

어머님의 샘

난 지금
유년의 샘으로 가네
아련한 기억
추억이 솟는 곳

길모퉁이 돌아서면
오동나무 외롭고
뻐꾸기 울어
비둘기 돌아 나는데

여름이면 시린 물 솟아
등물을 하고
겨울이면 김이 모락모락
물 긷고 빨래하시던
어머님의 샘

솟는 물꽃*으로 핀
아름다운 시절은
내 애달픈 그리움이야.

* 물꽃: 하얀 거품을 일으키는 물결.

당신

처음 만난 날
함초롬한 모습이
가까워질수록
눈 안으로 들어와
걸음은 비발디의
봄으로 폴락였다

함박웃음으로 반긴 그녀

어느덧 중년의 나이
어린 당신을 만나
둘은 하나가 되어
셋이 되고 넷이 되었다

보이지 않았음에도
보이는 듯 걸어온 삶
아직도 요원한 미래가
당신 앞에 고개 숙입니다.

아내에게 쓰는 편지

어쩌다 농담처럼
이해한다는 말은
이해받고 싶은 마음입니다
퉁명한 행동은
가까이 가고 싶은 마음입니다

흐른 세월만큼
차곡차곡 쌓인 정은
어떠한 난이 오더라도
절대 무너지지 않는
두터운 성입니다
지나온 울퉁불퉁 갈림에서도
길 잃지 않고 여기까지
잘 왔습니다
회상해 보면
행복의 길도 있었고
진격의 나팔 소리도 들렸지요
그러나 지금이 행복이고
바른길이었습니다

사랑이라는 이름으로
옆에 있어 준 그대
이제야 또렷하게 보입니다

어쩌다 농담으로
이해한다는 말은
받으려는 이해입니다
퉁명한 행동은
가까이 가고 싶은
몸부림입니다.

봉만이 짝사랑

희뿌연 먼지 속에
신작로 끝 종착 정거장은
읍내에서 하루 두 번 오가는 버스가 지친 몸을 누이듯
푸드덕 주저앉는다
마을 이장 그리고
복순네 할머님이 내리고
길 건넛마을 문식이 아버진
갈지자 걸음으로
기사에게 손을 흔든다
읍내 장날이라 한잔하신 게다
옥분인 오늘도 내리지 않는다
긴 탄식을 하며 소 꼴망태를
짊어진 뒷모습이 긴 그림자로
흐느적인다
떠들썩한 소문은
작년 추석이 지난 며칠 후
옆 마을 태수와
정분이 난 옥분이
두 사람은 흔적 없이

동네에서 볼 수 없었다
보따리를 싼 그 날이
하필이면 봉만이 생일
간혹 부산에서 봤다는
소문만 무성할 뿐
애타는 봉만이
담배 연기만 자욱하다.

이슬 같은 삶

풀잎에 맺힌 순수의 물빛 품은 이슬이고 싶다
밝은 햇살 속으로 사라질
아침 이슬이고 싶다
조용히 산화하리라
지난밤의 기억
아름다운 추억
가슴에 안고
남김없이 산화하리라
남아 있는 모든 것에
기억의 한 조각도 없이
흔적 없이 사라지는
아침 이슬이고 싶다.

3부

그대 바람

그리운 것의 시선

대지는
이글이글 뙤약볕에
타들어 가
비 오는 잿빛 하늘이 그립고
아내는
징글징글 술꾼이
징그러워
술 없는 세상이 그립다
할머니는
쪼글쪼글 얼굴에
옛 사진의
젊음이 그립고
나는
지글지글 익어가는
장어구이에
소주 한 잔이 그립다.

민들레 분가하는 날

1. 보내는 마음

저만치 어디쯤
행복 자리 찾아가는
네가 아름답다
보냄도 가슴이요
떠남도 가슴이다
양지바른 곳이면
언덕, 길섶 어디라도 좋다
꿈과 희망으로
행복 뿌리 내려다오

2. 떠나는 마음

닿는 곳 어딜지 몰라도
보냄이 가슴이니
떠남도 가슴입니다
바람아, 꿈과 희망 안아줄
저만큼 따뜻한 곳이면
어디라도 좋다.

작은 포구의 어느 하루

아침 포구는
울림 없는 뱃고동에
올망졸망 고깃배가
얼기설기 바동거려 안달이고
한낮 등대는
머리 앉은 갈매기 구린데
방파제 끄트머리 꾼의
휘어진 낚싯대가
가쁜 숨으로 웃는다
어느덧 물결이
노을빛으로 오면
하릴없던 포구와 등대는
모른 척 오늘을 주워 담는다.

부메랑

오늘이 아픈 건
어제 잘못된 삶

진실은 진실로
사랑은 사랑으로
마다치 않는 수고로
덕을 채웠으면
조악*은 피했을 걸

늦지 않았어
오늘 한 만큼 내일로
돌아올 것이다.

* 조악하다: 거칠고 나쁘다.

봄

마음이 창공을 나는
이 햇살이 너라고 생각하니
밝음이 웃고
나라고 생각하니
맑음이 미소 짓는다.

강은 안다

햇살이 떠난
해 질 녘 강은
피라미 떼 군무가
수면에 꽃을 그린다
건너 즐비한 풀은
바람에 내맡겨 있고
산책인은 길 따라 걸을 뿐
표정이 없다
어쩌면, 피라미와 풀
그리고 사람은 순응으로 존재하는 세상의 방관자
그런 건가!
강은 안다, 자신도 방관자임을
그래서 노을을 품는 것은
다가오기를, 아니 다가가려는
몸부림이다.

어느 날의 술꾼

슬픈 눈망울
창백한 볼살이 술잔에 뜬다
입술에 닿을 때쯤
일순, 멈춘 손
파르르 떤다
비루한 모습, 비겁한 생활,
총체적 삶이 반추 되었겠지
그래서 슬펐던 게야
돌아가라
사랑과 행복이 있는 곳으로
잔을 엎어라.

너 1

세찬 바람에
떨어진 거울
주섬주섬 맞추면
부서진 나는 여럿인데
너는 없다
아! 그래
네가 바람이었어.

실패한 사랑

사랑한 뒷날의 시린 가슴은
얕은 사랑의 내 책임이지
당신 때문이 아닙니다
돌이켜 보면
질기고 긴 눈먼 사랑
자책으로 슬퍼하지 마세요
수많은 언덕을 넘어
모퉁이를 돌아 오늘에 선 이 자리
지난 세월을 부둥켜안고
나눈 정으로 행복할 줄 알았습니다
비로소, 깬 꿈
노을 속 파랑새는
저만치서 손 흔들고
지친 육체는 텅 빈 정신을
부여잡아 위태합니다
잊기 위한 노력을
게을리하지 않겠습니다
안개에 가려진 길도
내일이면 뜰 태양이
흔적을 지울 테지요
시린 가슴을 쓸어내립니다.

눈

밟지 말라
쓸지 말라
털지 말라
난 항상 처음 모습으로
너와 마주하고 싶다
어떤 곳에서
어떤 마음으로
어떻게 왔는지 묻지 말라
본디 나는 순수의 맑음이다
너와 내가 다름이 무엇이랴
사랑으로 왔다가
사랑으로 가는 것이거늘.

봄 햇살

먼 산 연둣빛 아침을 묻힌
햇살이 방으로 들어와
이곳저곳을 문지르고
내 몸을 훑는 따스함에
스르르 눈을 감긴다
담벼락 밑 잔설과 더불어
앙칼진 아내의
찬소리*도 녹이리라
그럴 것이기에
아름다울 이 봄 햇살을
한 아름으로 안는다.

* 찬소리: 냉랭한 소리.

내 슬픈 사랑 별

하늘나라 밤이 켜지면
가슴을 찔러오는
코발트빛 한 줄기.

파도

코발트 빛 물결 윤슬로
조금을 지난 무쉬*인 오늘
잔잔한 바람과
너울너울 네게로 간다
밀어내고 밀어내어도
내 사랑은 너이기에
끊임없이 가고 가겠다
노을이 지면
숫공작의 날갯짓을 보고
달빛이 투영된
또 다른 나를 보라.

* 무쉬: 조금 다음 날인 음력 8, 9일과 23, 24일. 조수가 조금 붇기 시작하는 물때.

사부곡

이제야 당신이 보입니다
헛헛한 외로움
그 속 내 아픔이
삶을 감추려고 감춘 게 아니라
감출 수밖에 없었던 그 세월
아버지가 돼 아버지의 마음을
어렴풋 알 것 같습니다
만만한 세상은 없다며
피하지 말고 맞서라 하심은
튼튼한 뿌리를 만들라는
그 깊은 뜻을
묵직한 목소리
표정 없는 얼굴
돌이켜 보면 마음속 깊은 사랑을
들키지 않으려 산처럼 높이
우뚝 서 무뚝뚝한
호령을 하셨지요
오직 한 곳만을 보며
가족을 사랑한 분

자식에겐 깨알 같은 잔정도
보이지 않게 묻어 주신
사진 속 활짝 웃는

그리운 모습
다음 생이 있다면
당신 자식으로 다시 태어나
깨끗한 기쁨만을 드리고 싶습니다.

능소화

당신과 나만 존재한
기뻤던 환희의 하룻밤을
기억합니다
세상을 가진 당신을
나는 가졌지요
아! 그렇군요
나는 당신 세상의 일부였네요
그래서 잊은 건가요
아니면 버린 건가요
그래요, 난 그 수많은
꽃 중 하나입니다
기다리라고 말하지 않았다 해서
기다리지 않을 수 없음은
처음 본 순간, 마음을
송두리째 빼앗긴 까닭입니다
첫사랑의 아픔이
이렇게 크고 길 줄은 몰랐어요
하늘을 보면 혹여라도 지나칠
당신을 못 볼까 봐

시선은 담장 너머에 두고
작은 발걸음 소리에도
귀를 세웁니다

오실 때까지
오직 당신만을 그리며
지고지순한 담장 밑 내 사랑은
변하지 않습니다.

그대 바람

그대 바람은 포근하기에
불러왔든 스스로 왔든
살짝 다가와 가슴 두드리니
한 아름으로 안는다
귓가를 스치는
달콤한 솔깃 바람이 아니라
잔잔히 머무는 진솔이
잘 숙성된 토속 된장처럼
구수해서 좋다
따스함이 스민 가슴은 뛰고
오래 머물기를 붙든
마음이 은은하다.

정년 퇴직자의 황혼

해 질 무렵
무차별 돌풍이 여린 나를
망망대해에 띄우니
잔물결 속 노을 진
아름다움은 없고
무수한 탐욕과 우악함만이
어둠 속에서 게걸게걸 웃는다.

재회

어설픈 연유의 오해는
돌릴 수 없는
이별인 줄 알았다

밝은 눈빛으로
다시 오는 네가
참 예쁘고 고와
한 아름으로
품에 쏙 들어온 포근함

내 사랑은 오직 너였기에
돌아오리라는 믿음으로
내심 기다렸다

가버린 세월만큼
못다 한 사랑은
같이할 시간으로
차곡차곡 채워야지

나는 너를, 눈 감는 순간까지
깨끗하고 고귀한
가슴 맑은 사랑을 할 거야.

아내의 소리

차갑고 날카로운 금속음이
귓가를 섬광처럼 스친 후
윙윙 이며 저만치서 맴돌고
치켜뜬 눈초리는 새초롬히
내 눈을 찔러
마음에 생채기를 내더니
이내 가슴에 멈춰
도려낼 듯 갉지만
자주 듣고 겪으니
면역 항체가 생겨
이젠 세레나데 같기만 하다
치미는 욱함도
잠시만 애써 피하면
평온해지는 걸 가슴은 알기에
온몸의 세포도 그러려니
길들어 동조한다
결코 맞서지 않는
얌전함 속에서
어제 다짐하고

오늘 뒤틀린 꿈이지만
내일의 소박한
알찬 무대를 또 떠올리며
슬픈 가난한 미소를 짓는다.

너의 집

걸었어
아무 생각 없이 걸었어
문득
고개 들어보니 네 집 앞.

4부

매화의 꿈

늦가을 고엽 앞에서

새순 돋았던 봄날이
푸름을 지나 바스락바스락
뒤안길 세월 밟는 소리

비에 젖은 모습으로
때론, 세찬 강풍에 떤 몸으로
힘겨운 삶이었지만
맑게 갠 날
햇살 부른 바람이 흔들면
너는 눈부시게 반짝인 젊음이었다

고엽일지언정
살아온 날들이 고결하니
바스락 소리마저 청아하다

해 지는 서쪽 하늘이 고운 것은
오늘이 맑아서인 것

너를 보며 나는
바스락 소리처럼 청아하고
해거름 녘 붉게 타는
아름다운 저녁노을이 되고 싶다.

눈 내린 아침

창을 여니 시선 닿는 끝까지
펼쳐진 하얀 세상
밤을 새우고 밝혀
소복한 밝은 세상을
포근히 아침에 내려놓았다

한껏 팔 벌리고
설국에 서니
어제의 흔적은 없다

깨끗한 첫발을 내딛는
뽀드득에 뛰는 가슴

새로운 세상

비록, 시간이 흔적을
지울지라도
이 순간은, 맑고
선명한 발자국 남기겠다.

사랑의 아침

부스럭 소리에 잠을 깨면
잠들기 전
자장가 불러준 네가
환한 미소로 눈웃음 짓고
너도 내 자장가에 잠들어
착한 미소로 잠을 깨
눈 맞추는, 그런
너와 나만의 아침이 오면 좋겠다.

판단 착오

가까워 보이는 저곳
사뭇 들어와 보니 참 넓고 멀다
한참을 헤엄쳐도 강 가운데서 본
저 건너는
좀체 다가오지 않는다
이젠 허우적허우적
“사람 살려”란 말할 힘마저
소진되었다
애초에 쉽게 본 것이 불찰
곧 물 먹을 것은 자명하다.

불면의 밤

새벽하늘
움푹 팬 달이 내 마음인 양
부러질 듯 위태로운 것은
안개 낀 허섭*한 가슴에
나부댄 삶이 슬프기 때문이다

청춘이 아파 영혼이 울면
망가진 자아는 길을 잃고
마냥 뒷걸음질이건만
그저 멍한 눈
부르지도 부를 수도
잡지도 잡을 수도 없다
그럴 즈음
빠끔히 내민 아침 햇살에
달은 숨어 버리고
텅 빈 가슴에
가난한 눈동자는 부러져
진홍빛 눈물을 머금는다.

* 허섭: 좋은 것은 빠지고 허름한 나머지.

장례 치르는 친구에게

뽀얀 담배 연기 너울너울
내뿜는 한숨으로
아무 형체도 없다
사라지는 게 어디 이뿐이랴
온 것은 반드시 가거늘

잊지 못해
잊을 수 없어 우는 친구야!
궁극엔 너와 나도
세월 속으로 사라지잖아

지구 나이 46억 년
인류만 있었겠냐만
생명체는 그러한 것
있었던 희미한 점 하나에
지나지 않는 것을
무에 그리 슬픈가

슬퍼 마라
그러나 가끔 생각은 하라
너를 지키는 힘이 될 터.

눈꽃

미로에 갇힌 잿빛이 창을 여니
깃털 같은 하얀 꽃들이
우르르 안겨든다

너는 잿빛 구름에서 나와
바람을 타고 뚫으면서
곱게 변신을 하지만
잉태치 못한 내 잿빛은
해 본들 내보낼 수 없다

세상을 밝게 할 잿빛과
찡그린 잿빛은 그 모태가 달라
너처럼 아름답지 못할 것을
아는 까닭이다.

백목련을 보며

하늘 향한
겹겹이 쌓인 그리움이
솜사탕처럼 부풀어
고결하고 고귀한 사랑이
연민의 정으로 가슴에 닿을 때쯤 꼭 너 닮은
지지 않는 꽃의 추억을 붙잡고
쏟아져 오는 모습을 보듬는다

푸른 시절이 다시 올까만
눈물로 두 손을 모으니
무거운 낙화마저도 아름답다.

매화의 꿈

인고의 시간을 건너
너를 안고 희망의
푸름으로 가리니

북풍한설 몰아쳐
부러지고 찢겨도
오직 하나의 꿈으로
아픔을 참는다

눈 덮인 겨울 끝자락을
헤치고 곱게 떠
귀 기울이면
먼 남녘 바다를
타고 오는 소리

쓰라린 상처 비다듬어
환한 웃음으로 반길 거야
설레는 마음

따사로이 안아 주는 날
겨우내 품었던 내 알을
조랑조랑 내어놓겠다.

어느 가을날

뒷동산에 올라
내려다본 들녘은
넉넉한 허수아비가
다소곳한 새색시 마냥
소담스레 흔들고
지천인 은빛 억새
물결처럼 출렁여
세레나데 들려온다
울긋불긋 먼 산은 하얀 띠구름이
허리부터 안아 오르고
소슬바람은
멀리 있는 임의 향을 묻혀와
풍선처럼 둥실 띄운다.

너를 지우며

만남에 순수의 날개가 돋아
날아오른 기쁨은, 한동안
어둠을 뚫은 코발트 빛이었다

돌릴 수 없이 가버린
꿈 같은 날들

칼날이 그은 상처는
차라리 헛헛한 가슴
갈 수도 없고, 오지도 않을
켜켜이 쌓인 기억을 더듬으면 돌아선 모습에 추억이 타고
있다

하얀 재 되면 바람아 불어라
나는 알지 못할 곳으로

잿빛 하늘 꺼진 빛 속에
쪼그린 마음이 애처로운 건
갈망한 마음에 온
신기루였음이랴.

살사리꽃*

너는 작은 느낌으로도
흔들리는 순정의 소녀다
어울려 피는
어깨동무 꽃이다
가냘픈 듯하지만
남지나 해상에서 오는
바람도 살랑이는 허리로
뽑히지 않는 뿌리다
초여름부터 가을까지
피고 지고 곱디고워라
갓길이면 어떠리
들녘이면 어떠리
논두렁이면 또 어떠랴
어디든지 그 무엇과도
흐드러진다

사내 가슴을 흔드는
순정의 소녀야
어느새 내 마음 섶에는
네가 피어 흔들린다.

* 살사리꽃: 한해살이 식물 코스모스의 순 우리 이름.

늦가을 단풍

떨어진다
무겁던 봄
그 여름 사이의 비릿함
모두 안고서

오지 않는 생명수에
노랗게 뜬 나지만
그냥 떨어지는 게 아니다

나무야!
나 거름 되리니
봄으로 가자
다시 볼 가을은
알록달록 예쁘게 아름답자.

갱생

칠흑 같은
어둠이 내릴 무렵
아픔이 정수리를
조준 가격했다

갈라진 두개골은
뇌수와 핏물이 범벅으로
얼굴을 타고 내려
비린내와 짭조름한 맛이
조용한 코와 혀를 짓밟고
애먼 영혼을 추락시킨다

바닥은 볼 수 없지만
실낱 같은 희망에
팔을 허우적대는 것은
기어코 다시 올라
청정수에 벌게진 뇌를 씻고
햇볕에 뽀송뽀송 말려
아픔 없는 영혼으로
맑은 새날을 보겠다는 것이다.

긴 머리 소녀

아롱진 무지개가
폭포수 같은 머릿결에 떠
손빗으로 쓸어내리면
아리따운 백합 향이 묻어나
소녀는 무지개 꿈속을 노닙니다.

한마음 축제

사월의 하루는 하동 악양의 날
가슴을 맞대는 설렘에
네가 오고 내가 가지

웃음 핀 아우성은
모교 담장을 넘어
온 고을에 울리고
섬진강 하늘에 노을이 물들면
추억의 교가는 이별의 연가

붉어진 촉촉한 눈동자는
긴 그림자를
쉬이 돌아서질 못하게 한다

친구야
교정의 고목에
너와 나, 가지가지 매달아
바람에 흔들릴 때마다
그리워하자.

고향 벗들의 해운대 만남

애틋한 만남을
동심의 크레파스로 그리면
담쟁이 넝쿨로 엮은 마음이 가슴을 겅중겅중 오른다

봄바람인 양 스친
아릿한 이름은
어쩜 이리도 따스할까
이리 우르르 저리 우르르
참새 떼 같은 정다움이
유년 시절로 간 날

그칠 줄 모르는 웃음소리에
해운대도 방긋 웃어 포근히 안긴
동백섬 누리마루

벗이여!
스민 향기로
해운대의 흔적이
눈가에 맴돌아 가슴에 있자.

섬진강 벚꽃

봄이면 혹한을 이겨낸
생명체가 눈을 뜨고
움츠린 가슴이 열린다

섬진강 길섶에
벚꽃이 만발하면
슬로시티 하동은
아름다운 시작점을 찍는다

네가 떨어지면
열매를 맺고 익어
달콤한 버찌로 입가를
새까맣게 물들인 기억이
아련한 추억 속에서
미소 짓는다

어쩌다 한 번씩
머리 아픈 이들이여!
사쿠라는 대한해협 너머
열도에 있지 우리나라엔 없다

햇살과 바람에 물어보라
예쁘게 봐주면
더 예쁘게 보이려 애쓰는 걸

부드러운 꽃잎과
향기에 설레는 것은
네 가치의 빛남이고
햇발을 파고든 흩날림이
눈부신 것은
다시 온다는 약속이자
보내야만 하는 슬픔인 게다.

형제봉

지리산 남쪽 끝자락
하동 악양 땅에
마주한 칠성봉, 구재봉
왼편 멀리 시루봉
비스듬히 오른쪽 아래
평사리 최 참판 댁
그리고 무딤이 들판과
섬진강을 내려 보는
일 봉과 이 봉인 나를
형제봉이라 부르더이다

행여 오시려거든

붉은 철쭉 흐드러진
봄으로 오시고
진녹색 산바람이 가슴 헤칠 여름에 오시라

소녀의 얼굴인 양
수줍음이 아리따운

가을로 오시고
설산의 때 묻지 않은 순결한
겨울에 오시라

언제고 언제라도
포근하고 시원히
맑고 따뜻이 품을 지으니
한 점의 욕심 없이
오시고 오시라.

지리산 가을 동창회

재회의 기쁨으로
초롱초롱 반짝인
네 눈동자에 내가 있고
내 눈에 네가 있으니
얼싸, 그리움을 안고
정겨움을 토닥인다

세월의 흔적은
고스란히 묻어 있지만
그 시절 추억은
유년 꽃으로 피어나
활짝 웃음 한 마당

이 가을이
색동옷으로 예쁜 건
너와 나의 고움에
시샘을 하여
차라리 다 드러내 고운 척
하기 때문이다.

● ● ● 시 해설

유동환 시인의 첫 시집을 읽어보니 삶에 아쉬움과 그리움이 묻어있는 것을 본다.

과거의 아픔을 참고 시로 표현하며 그리움으로 변화시켜서 아름다움을 만들려는 마음과 임을 그리워하는 추억의 마음이 삶의 일부분을 차지하고 있었다.

그리움이 있다는 것은 살아있는 싱그러운 새싹이 꿈틀그린다고 본다.

그리움이란 참으로 좋은 것이라 본다.

비를 불러들인 봄날 창가는
먼 날의 추념으로
저안에서 들뜨다

비록 그래 비록이라도
너를 당겨 나를 채우는
기대치에 행복하여라

커피 한 잔의 모락모락 미소는
예전의 그 그윽한 향이기에
자꾸 속으로 숨기는 건
중독된 내 오랜 사랑이야.

-「그리움5」 전문 -

유동환 시인의 전문을 보면 애틋한 추억이 떠나지 않는 마음이 보이며 깊숙이 담아놓은 아쉬움을 표현하며 보고픔을 잘 상재한 아름다운 마음이 보인다.

오랫동안 고심하며 한권의 시집을 묶는 것은 하나의 둑을 쌓는 것과 같다.

둑을 넘어야 평지를 만날 수 있기 때문이다. 다음에 또 좋은 시로 둑을 쌓기 바란다.

- 부산청옥문학협회장 시인, 수필가 최경식 -

삶에는 기쁨이나 희망만 보이는 것이 아니다. 같은 바위를 보고도 보통 사람은 그냥 지나치고 석공은 부처로 보고 돌 속의 부처를 세상 밖으로 드러낸다. 같은 처지에서도 어떤 사람은 기쁨을 찾아내고 어떤 사람은 슬픔만 보기에 모든 것은 마음먹기에 달렸다(一切唯心造)는 말이 생겼다. 평범한 것에서 기쁨을 찾아내는 습관이 붙은 사람은 사바娑婆도 극락이다. 그래서 신라는 선업善業을 쌓아 이 땅을 불국으로 만들 수 있다고 믿었다.

유동환 시인은 '기지개 켜는 봄'과 '오월', '충동'에서 보통 사람이 느끼는 나른한 봄날에도 힘이 솟아나서 꿈을 찾아 나서고, 봄의 끝자락에서도 한창인 봄의 정기를 받아 보통 사람은 포기하고 마는 알 수 없는 곳의 꿈을 찾아 나선다.

사회가 구조적 부조리에 빠졌다고 한탄만 하는 사람들에게 구조적 부조리를 헤쳐 나갈 희망과 힘을 주는 유동환 시인의 글은 모든 사람이 감동할 수 있게 쉬운 말로 엮어나가, 쉬운 것을 어렵게 수수께끼처럼 꾸며 유식한 체하지만 독자의 외면을 받는 글과는 다르다. 유동환 시인의 다음 시집을 기대하게 한다.

- 부산청옥문학협회 문예대학 부학장 이석락 시인 -

대지는
이글이글 뙤약볕에
타들어 가
비 오는 잿빛 하늘이 그립고
아내는
징글징글 술꾼이
징그러워
술 없는 세상이 그립다
할머니는
쪼글쪼글 얼굴에
옛 사진의
젊음이 그립고
나는
지글지글 익어가는
장어구이에
소주 한 잔이 그립다. -「그리운 것의 시선」 전문 -

일상 속에서 일어나는 일들을 무심코 지나치지 않고 아내의 투정어린 마음도 읽어내고, 늙어가는 할머니의 아쉽기만 한 젊음을 옛 사진으로 그려내고 술시를 참지 못하는 화자의 소주 한 잔을 적나라하게 잘 묘사하고 있다.

이 모든 것이 그리운 것의 시선이 되어 한 편의 시로 탄생하고 있다.

오늘이 아픈 건
어제 잘못된 삶

진실은 진실로
사랑은 사랑으로
마다치 않는 수고로
덕을 채웠으면
조악*은 피했을 걸

늦지 않았어
오늘 한 만큼 내일로
돌아올 것이다.

-「부메랑」 전문 -

* 조악하다: 거칠고 나쁘다.

오늘의 현실이 잘되어 있던, 잘못되어 있던, 그것을 불가에서는 전생의 '업'대로 현생을 살아간다고 한다.

전생에 복을 많이 지었으면 현생에는 그 복을 받고 잘살아 갈 것이고 전생에 죄를 많이 지었으면 현생에는 죄의 대가를 받아 피폐한 삶을 산다는 것이다. 요즈음 세상에는 현생에 죄를 지으면 내생까지 갈 것 없이 현생에서 바로 그 대가를 치른 다고들 한다.

누구보다 자신의 잘못을 뉘우치면서 반성하는 아름다운 마음이 있는 화자의 바람직하고 올곧게 살아가고 있는 모습이 선연히 돋보인다.

유동환 시인의 첫 시집 상재를 축하드리면서 지나온 삶을 반추하고 고뇌하는 마음이 '그리움으로 사무쳐' 멋진 한 권의 시집 탄생을 다시 한 번 축하 드린다.

- 부산청옥문학협회 편집국장 시인, 수필가 박선옥 -

유동환 첫 시집
사무친 그리움

인쇄: 2016년 4월 15일
발행: 2016년 4월 22일

지은이: 유동환
펴낸이: 최경식
펴낸곳: 도서출판 청옥문학사
인쇄처: 세종문화사

출판등록 제10-11-05호
E-mail: kyu500@hanmail.net
전화: 051-517-6068

값 10,000원

ISBN 978-89-97805-46-4 03810

이 도서의 국립중앙도서관 출판시도서목록(cip)은 서지정보유통지원시스템 홈페이지(http://seoji.nl.go.kr)와 국가자료공동목록시스템(http://www.nl.go.kr/kolisnet)에서 이용하실 수 있습니다.(cip2016009325)